Edition Eulenburg

LA MER

de

CLAUDE DEBUSSY

Ernst Eulenburg, Ltd, London, W. 1
Edition Eulenburg, GmbH., Zürich
Ernst Eulenburg & Co., GmbH., Mainz
Edition Eulenburg, Inc, New York

LA MER

Trois esquisses symphoniques

1. De l'aube à midi sur la mer

CLAUDE DEBUSSY
(1862-1918)

Edition Eulenburg GmbH., Zürich-London

2

Modéré, sans lenteur 116 = ♪
(Dans un rythme très souple)
des Fl.
Cor A.
Cl.
En SI♭
1°
Bons
2°
Tromp.
Timb.
1re Harpe
2de Harpe
Div.
sans sourdine
Modéré, sans lenteur 116 = ♪
(Dans un rythme très souple)
Vl.
Div.
f dim.
1° arco
Vla.
2° pizz.
f dim.
sans sourdine
Vcl.
C.B.

9

10

E.E. 6344

14

12 Encore plus retenu
Gdes Fl.
Pte Fl.
Htb
Cor A.
Cl.
Bons
Cors
Tromp.
Tuba
Timb.
1re Harpe
1rs Vons Div.
2. Vl.
Vla.
Vcl.
C.B.
1o et 2o
2o
1o
sourdine
p expressif
pizz.
più p
pp

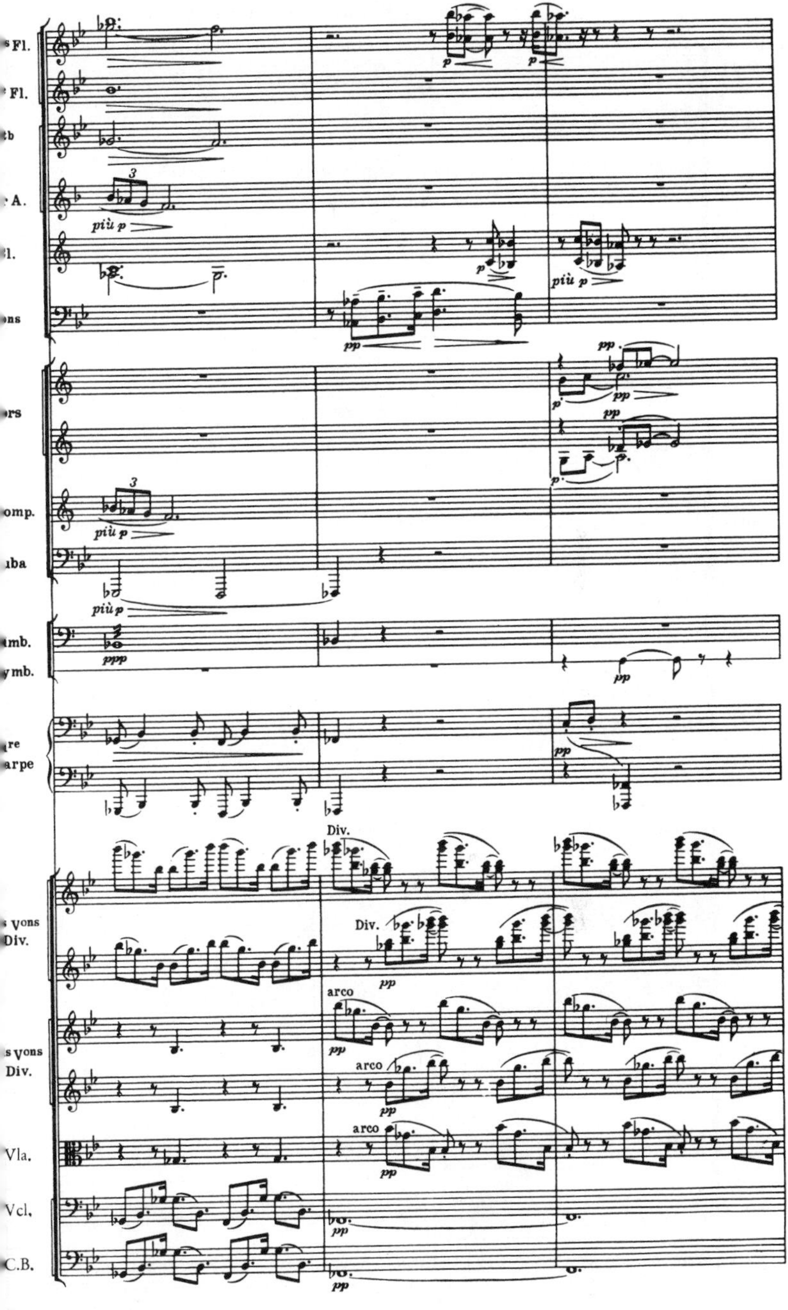

Fl.
Fl.
A.
più p
pp
ppp
Vla.
Vcl.
C.B.
Div.
arco
3

34

Retenu
14
Très lent 80 = ♪
des Fl.
pp
pp
Htb
Cor A.
più p
Cl.
Bons
2° et 3°
pp mais très soutenu
Cors
pp mais très soutenu
pp mais très soutenu
er et 2e Tromb.
sans sourdine
Tromb.
pp mais très soutenu
Cymb.
ppp
1re Harpe
pp
2de Harpe
pp
Retenu
14
Très lent 80 = ♪
1.Vl.
più pp
pp
2.Vl.
più pp
pp
Vla.
più pp
pp
Vcl. Solo
più p
Vcl.
più pp
pp
C.B.
più pp
pp

38

2. Jeux de vagues

ou Célesta

40

Cor A.
Cors
Glock.
1re et 2de Harpes
Vl.
Vla.
Vcl.
C.B.
4o
17
Gdes Fl.
Htb
1o Solo
1o
Cymb.
Div.
arco
Div.
p
pp

43

E. E. 6344

44

55

E.E.6244

56

58

59

E.E. 6344

1°
Gdes Fl.
Pte Fl.
pp
Htb
2° p
Cl.
Cors
2°
p
3°
p
1°
p
Tromp.
Trg.
Cymb.
Glock.
1re Harpe
3
3
3
3
pp
Vl.
p très expressif
3
3
molto
deux 1rs Vons Soli
pp subito
deux 2ds Vons Soli
p très expressif
molto
pp subito
Vla.
2 Altos Soli
p très expressif
3
3
molto
pp subito
Vcl.
2 Velles Soli
p très expressif
molto
pp subito
C.B.

63

E. E. 6344

64

E.E. 6344

65

F.E. 6244

66

F.E. 6944

71

F.E. 6244

31
Gdes Fl.
Pte Fl.
Htb
Cor A.
Cl.
Bons
Cors
Tromp.
Trg.
Cymb.
1re et 2de Harpes
Div. en 3 part.
arco
Vl.
Vla.
Vcl.
C.B.
pizz.
Div.
Div. pizz.

Fl.
tb
r A.
l.
ons
ors
omp.
rg.
ymb.
ock.
et 2de
arpes
Vl.
Vla.
Vcl.
C.B.
à 2
cresc. molto
1o et 2o
pizz.
p
mf
8

82

85

F.F. 6344

87

88

E.E. 3044

89

91

E.E. 6344

92

E.E. 6344

93

94

98

F.E. 6344

99

E.E. 6344

3. Dialogue du vent et de la mer

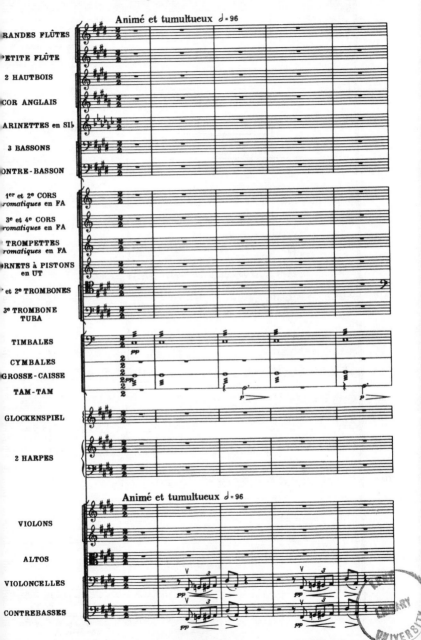

103

104

E.E.6344

105

44
Htb
Cor A.
3 Bons
C.Bon
à 3
pp
Cors
1o Solo sourdine
Tromp.
f expressif
3 Tromb.
Tuba
Timb.
Cymb.
Gr.C.
T-tam
p
Vl.
Vla.
Vcl.
C.B.

109

F. E. 6244

E.E. 6344

Htb
Cor A.
Cl.
1er Bon
2e et 3e Bons
C. Bon
Cors
Gr. C.
Vl.
Vla.
Velles Div.
C.B.
1o
mf
p

117

E. E. 6344

118

121

E.E. 2944

126

130

F.E. 6844

52
es Fl.
e Fl.
Htb
or A.
Cl.
r Bon
1o et 2o
f e dim.
et 3e Bons
3o
f e dim.
. Bon
f e dim.
mf e dim. molto
p
ors
mf e dim. molto
mf e dim. molto
romp.
f e dim.
ornets
Tromb.
p e dim. molto
Tuba
Timb.
Cymb.
Gr.C.
T-tam
p
p
52
Vl.
ff
f
ff
f
mf
Vla.
ff
f
mf
Vcl.
ff
f e dim.
sur la touche
mf e dim. molto
C.B.
f e dim.
sur la touche
mf e dim. molto
p e dim. molto

132

E.E.6344

134

135

136

139

140

E.E. 6344

142

E.E. 6344

143

E.E. 6344

147

E.E.6344

57
au Mouvt
Pte Fl.
Hte
Cl.
1er et 2e Bons
3e Bon
Cors
Tromp.
Cymb.
Gr.C.
Vl.
Vla.
Vcl.
C.B.
à 2
Sul G
ff vibrato
ff
f

154

156

60 Au Mouvt initial en laissant aller jusqu'au très animé
Pte Fl.
Htb
à 2
Cor A.
Cl.
1er et 2e Bons
3e Bon
C. Bon
Cors
cuivrez
Timb.
Cymb.
Gr. C.
60 Au Mouvt initial en laissant aller jusqu'au très animé
1rs Vons Div.
2ds Vons Div.
Altos Div.
Vcl.
C.B.
Div.
Unis.

160

E.E.6344

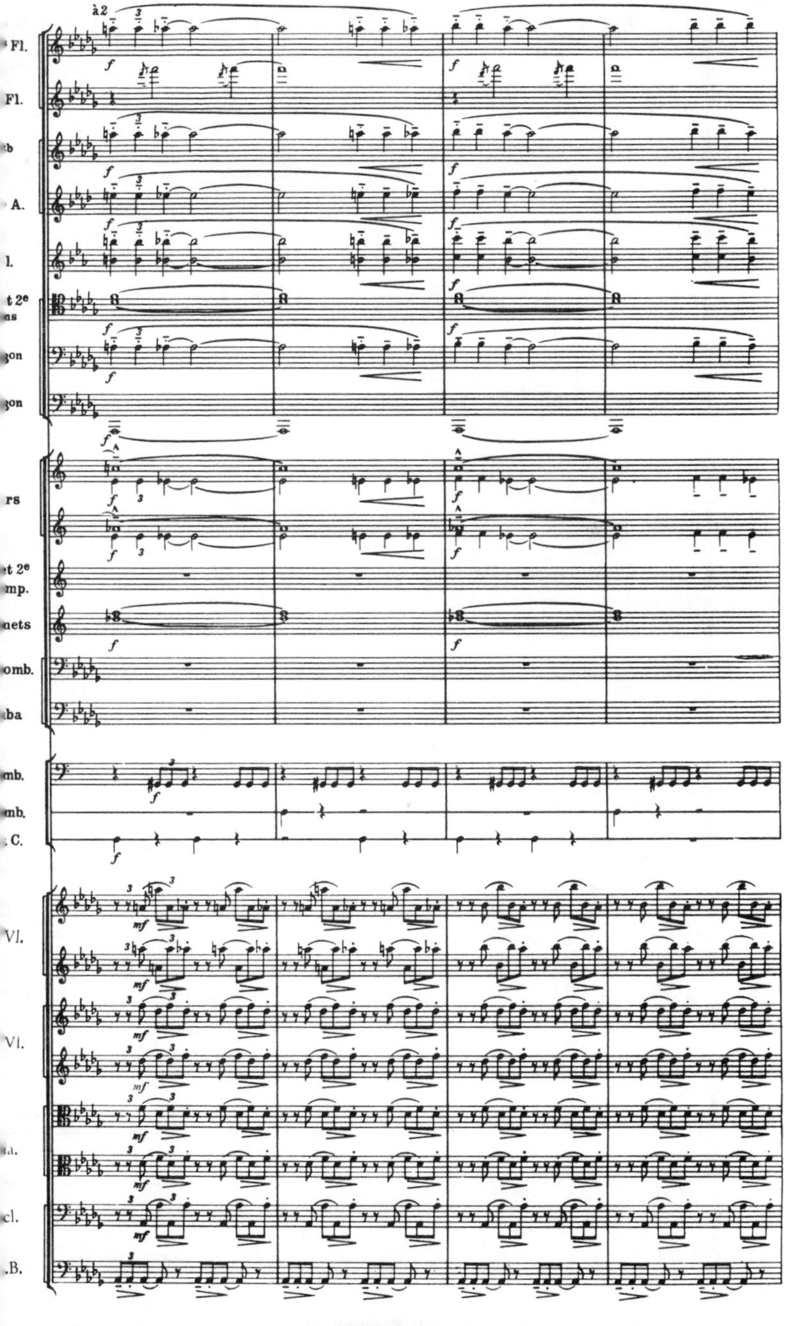
à 2
Fl.
Fl.
A.
t 2e
Vl.
Vl.
cl.
.B.

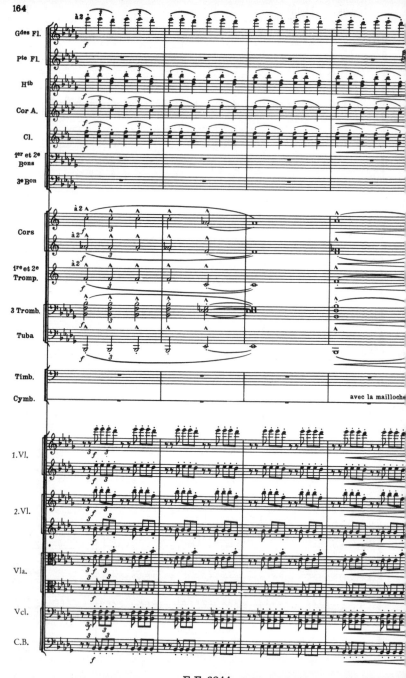

166

F.F. 6244

168

à 2
Fl.
Fl.
Htb
or A.
Cl.
et 2e
ons
Bon
Bon
f
3
ff
Cors
f très sonore
à 3
Tromp.
ornets
Tromb.
Tuba
Timb.
Cymb.
Gr. C.
-tam
cresc.
p
position ordinaire
Vl.
Vla.
Vcl.
C.B.